HSU

「学問とは何か」を語る

ソクラテス

SOCRATES SPEAKS ON ACADEMICS

大川隆法

RYUHO OKAWA

まえがき

安倍晋三総理が、北京のＡＰＥＣで、ニコリとも笑わない外国力士のような習近平国家主席と形だけの握手をした。お互いに目も見ようとしない。と、その後すぐに衆議院解散説が日本のマスコミをにぎわせ始めた。

誰も言わない公然の秘密だが、これは「文科省 下村事件解散」である。さらに元をたぐれば、「学問」の定義をめぐっての解散である。

文科省は、大学設置をめぐって、「一定の理論に基づいて体系化された知識と方法」が「学問」であるとする、「広辞苑」の解説を丸のみした。本書でソクラテスは、「学問」は「対話篇」から始まり、「神様が創られた世界の真理を明らかにすること」であると説く。イデアの世界（実在界）と守護霊の存在が学問の出発点にあるとする。

ソクラテス対文科省。あなたはどちらを信じるか。じっくりと本書を読んで頂きたい。

二〇一四年　十一月十二日

幸福の科学グループ創始者兼総裁

ＨＳＵ（ハッピー・サイエンス・ユニバーシティ）創立者　大川隆法

ソクラテス「学問とは何か」を語る　目次

ソクラテス「学問とは何か」を語る

二〇一四年十一月八日　霊示

東京都・幸福の科学　教祖殿　大悟館にて

「霊言現象」とは、あの世の霊存在の言葉を語り下ろす現象のことをいう。これは高度な悟りを開いた者に特有のものであり、「霊媒現象」（トランス状態になって意識を失い、霊が一方的にしゃべる現象）とは異なる。外国人霊の霊言の場合には、霊言現象を行う者の言語中枢から、必要な言葉を選び出し、日本語で語ることも可能である。

なお、「霊言」は、あくまでも霊人の意見であり、幸福の科学グループとしての見解と矛盾する内容を含む場合がある点、付記しておきたい。

ソクラテス「学問とは何か」を語る

二〇一四年十一月八日　霊示（れいじ）

東京都・幸福の科学　教祖殿（きょうそでん）　大悟館（たいごかん）にて

ソクラテス（紀元前四七〇ごろ～同三九九）

古代ギリシャの哲学者。「哲学の祖」とも言われる。アテネにて、客観的真理の実在と知徳合一を説き、人々に問答法によって「知」の本質を教えたが、青年に害悪を及ぼしたなどとして死刑判決を受け、毒ニンジンを飲んで刑死した。弟子にプラトンやクセノフォンがいる。八次元如来界の最上段階（太陽界）の存在（『黄金の法』〔幸福の科学出版刊〕参照）。

質問者　※質問順

酒井太守（幸福の科学宗務本部担当理事長特別補佐）

斎藤哲秀（幸福の科学編集系統括担当専務理事）

秦陽三（幸福の科学常務理事 兼 宗務本部庶務局長）

［役職は収録時点のもの］

1　哲学の祖・ソクラテスに「学問とは何か」を訊く

大川隆法　今日は、最近の霊言等で、何かと引き合いに出されるソクラテスに、「そもそも学問とは何なのだろう」というあたりについて、いろいろなことを、いろいろな角度から訊いてみたいと思います（『矢内原忠雄「信仰・言論弾圧・大学教育」を語る』『南原繁「国家と宗教」の関係はどうあるべきか』〔共に幸福の科学出版刊〕等参照）。

　私どもも、高校を超えた〝高等教育〟について、今、勉強中といいますか、研究中ですけれども、やはり、西洋の学問のもとはソクラテスでしょう。アリストテレスを「学問の祖」と言う場合もありますけれども、その〝先生の先生〟がソクラテスですので、「もとはソクラテスである」と考えてよいのではないかと思います。

そういうことで、ソクラテス先生にいろいろな話をお聞きいたしまして、その対話のなかから、学問の本質といいますか、知の本質とはいったい何なのか、あるいは、現代的な考え方において何か誤解や間違いがあるのなら、それはいったい何なのかというようなところについて、いろいろと意見を聞いてみたいと考えています。

その他、さまざまに抱えている問題等がありましたら、天上界からのご意見として、どのようにお考えになっているのかということも聞いてみようと思っています。

あまり解説も要(い)らないでしょう。すぐに中身に入っていったほうがよいかと思いますので、お呼びします。

酒井　はい。

大川隆法　それでは、ギリシャ哲学(てつがく)の中心にいらっしゃいますソクラテス先生をお呼びいたしまして、その学問論、学問とは何かについて、お考えを賜(たまわ)りたいと考えます。

ソクラテス先生よ。

ソクラテス先生よ。

どうぞ、幸福の科学　大悟館(たいごかん)に降りたまいて、その学問や真理、あるいは、勉強等について、さまざまなご見識をご披露くださいますよう、心の底よりお願い申し上げます。

ソクラテス先生よ。

ソクラテス先生よ。

どうぞ、幸福の科学 大悟館に降りたまいて、そのご見識を開陳してくださいますよう、心の底よりお願い申し上げます。

（約五秒間の沈黙）

2　ソクラテスが「学問とは何か」を定義する

「学問」の定義についてソクラテスに訊く

ソクラテス　（咳払い）来ましたか。

酒井　本日は、まことにありがとうございます。

ソクラテス　まあ、最後に来るとは思ってたけどね。たぶん、ここに来るのかなあと思っていたが。

酒井　はい。

ソクラテス　まあ、私に「全責任を負え」ということだな。ハハハハハ……。

酒井　「学問の根本」にある方ですので、ぜひ、ご意見をお伺いしたいと思っております。

ソクラテス　うーん。

酒井　今回、大学審議会（しんぎかい）の答申（とうしん）のなかに、日本の国の考えとして、つまり、国家の意見として、「学問」の定義が示されました。しかし、後日の文科省からの説明によると、驚（おどろ）くべきことに、実は、『広辞苑（こうじえん）』によって学問の定義を決めていることが、はっきりしたわけです。

ソクラテス　ああ、それ、『広辞苑』？

酒井　ええ、『広辞苑』などの辞書類から引っ張った、と。

ソクラテス　ほお。じゃあ、〝岩波書店の社員〟が、要するに決めたらいいわけだろ？

酒井　ええ。「決めた」ということになるのですが。

ソクラテス　ああ、そういうことですか。ふんふん、ああ、なるほど。

酒井　実は、ここ（『広辞苑』）に書いてあるとおりに、先ほどの答申の文章に書いてあるのですが、「『学問』とは、一定の理論に基（もと）づいて体系化された知識と方法である」と。

ソクラテス　ああ、そんなことないよ。まあ、そこから間違（まちが）っとるもん、すでに。

酒井　そして、「これが学問なんだ。これに値(あたい)しないものは学問ではないので、こういった教育はなされてはいけない」ということで、今回、幸福の科学大学の開設が「不可」になりました。

ソクラテス　ふーん。

酒井　まず、このあたりから、学問について、本当のところを教えていただきたいと思います。

ソクラテス　まあ、「大学」と「学問」と「真理」と、そういうものの意味が違うかもしれないけどねえ。
「大学」は、孔子様が「オッケー」と言えば、それでオッケーなんじゃないの？

酒井　（笑）

ソクラテス　「大学」の〝著作権〟は、孔子様にあるんじゃないんですか？（注。儒教で孔子の教えを著した『大学』という経典がある）

酒井　まあ、そうですね。

ソクラテス　ねえ？　定義は、あの人が決めるのであって、私は、〝漢字〟での「大学」というのは決めたことはありません。
ただ、「真理の教育」ということに関しては、権威を持ってやっていたつもりではおりますけどねえ。

ソクラテスが考える「学問」の真意とは

ソクラテス　学問の始まりは、実は「対話篇」なんですよ。
プラトンとかが、いろいろ記述しているものを見たら分かると思いますが、古代のものにしては非常に大部のものではあるけれども、真理を発見していく過程っていうのは、基本的に対話篇でなされているものなんですよ。

だから、それ自体は、必ずしも体系的なものではありませんでしたね。

どちらかといえば、そうねえ、こんなたとえは正しいかどうかは分かりませんが、タケノコの皮を剥いていくような感じに、ちょっと近かったですかねえ（笑）。

つまり、真実の中身を覆っているもの、外側の覆いの部分を取り除いていくこと。これによって真実が現れてくる。まあ、そういう知的な作業をすることが「学問」ということになりますね。

ある意味においては、学問とは「産婆術」でもあるわけで、まあ、哲学とも同義かと思いますけれども、哲学っていうのは、哲学自体というプロセスがあるんじゃない。母親が赤ん坊を産むときに、産婆がそれをお手伝いする。本来、自分で産み落とす力はあるんだけれども、それを介添えして、手伝って、産湯を使わせて、取り上げる。このお手伝いをするところが、「学問の機能」だと思うんですね。

赤ん坊そのものは、学問をつくることはできないんですよ。それは、つくるものではなくて、存在しているものなんです。もうすでに、この宇宙に存在している真理を、どのようにして発見するかということなんですね。

その存在しているものを発見する方法の一つとして、やはり、間違っているもの、真理に反するもの、あるいは、知識人だと思って自分を偽って飾っているけれども、それが偽物であるということなどを、ピンセットでつまんで、その〝偽物の皮〟を剥がしていく。まあ、そういうことによって、「真理」が明らかになってくるという過程なわけですね。

われわれの考えは、「学問っていうのは、もともと、神様が創られた世界の真理を明らかにすることだ」というものです。これが学問の定義です。「神様が創られた世界の真理を明らかにすることが学問である」ということです。

この地上においては、いろいろな被り物や覆い物があって、あるいは、砂や埃にまみれたり、布きれで巻かれたり、衣装を着ていたりして、いろいろな物で隠されていることが多いので、その覆いをどうやって取り除いていくか。そして、真実に到達していくか。これが学問であるという考えですね。

だから、学問に対する基本的な捉え方が、全然違っておりますわねえ。そういうふうに感じますね。

3 「現代の学問」の問題点について

さまざまなたとえによって指摘される「現代の学問の問題点」

酒井　哲学といっても、ソクラテス様やプラトン様のころには、霊的な思想が入っておりますが、現代的には、こういった部分を取り除いてしまって、手法だけというか、〝抜け殻〟のようなものを学問と称している感じもします。「現代の学問」の問題点については、どのようにお考えですか。

ソクラテス　それは、何だねえ、梅干しから〝すっぱい味〟を取り除いたようなものに近いかもしれないねえ。「すっぱいとおいしくない」と思って、梅干しをすっぱくなくしたようなもんじゃないですかねえ。

あるいは、「砂糖の、甘いという味はよくないし、それをコーヒーのなかに入れるとコーヒーの味が変わるから、角砂糖は入れるけれども甘さは取り除く」っていうようなのに近いかもねえ。

何のために入れてるかは分からないけれども、とりあえず角砂糖を入れるという習慣はある。コーヒーのなかに角砂糖を入れるという習慣はあるから入れるんだけど、甘いとコーヒーの味は変わるので、その甘さのところは取り除いて、角砂糖を入れる作業だけはしている。でも、何のために入れてるのか、誰も分からない。そういう作業だけはしているんだけれども、その作業は、いったい何のためにやってるのかは、誰も分からない。

まあ、それが今の学問の現状だね。

酒井　今、学問は何のために存在するのでしょうか。

ソクラテス　だから、ほんとにねえ、何にも分からない。

（現代の学者は）「結論」が分からない人たちなんです。始発駅が分からず、終着駅も分からない人たちが、どこか途中で電車に乗って、なんか、今、乗っているということだけは分かっているという状況だね。

途中で乗って、途中で降りる人が大部分なんで、始発と終着は分からない。自分は、どこの方向に向かっているかも、実は分からない。ただ、何だか移動していることだけは分かる。まあ、こんな感じかな。

学問に対する「一般化」「科学的」という言葉についての見解

斎藤　先ほど質問者の酒井から、大学審議会による現在の学問の定義について、「一定の理論に基づいて体系化された知識と方法である」という話がありましたが、さらに、「学問は一般化、普遍化されたものである」という言葉もあり、「大学開設『不可』の理由の第二段」としての〝斬り込み〟が入ってきています。

現代では、学問について、「一般化されたものだ」と言っておりますけれども、これについてはどうお考えでしょうか。

ソクラテス　まあ、どうなんでしょうかね。それはたぶん、「教えることができるようになった」ということぐらいの意味にしかすぎないんじゃないですかねえ。

斎藤　真理を探究するのではなくて、それを教えられる、つまり、再現性のあるものにするということですか。

ソクラテス　そう、そう、そう、そう。教師が、生徒、あるいは学生を教えられるようになっているということを、「一般化」と言ってるんじゃないんですかねえ。それだけのことなんじゃないでしょうか。

酒井　それに付随（ふずい）して言えば、さらに、科学的方法に基づく「実証可能性」や「反証可能性」なども言っているのですが、「科学的である」ということが、学問と結びついているのですね。

ソクラテス　うーん。科学なんていうのの、どこに、そんな合理性や実証性があるんでしょうかねえ。

まあ、幸福の科学っていう名前が付いているから、ちょっとややこしいことは、ややこしいけどね。ただ、ここ（幸福の科学）のところは知りませんが、宗教に科学性があるかっていったら、そりゃあ、極（きわ）めて紛糾（ふんきゅう）する課題だろうとは思いますねえ。

でも、宗教は学問にならないかっていったら、やっぱり学問の対象としては扱います。だから、このへんの人間が起こす事象、および、人間界だけではなく、この地球上あるいは地球の外側も含めて探究可能な対象は、全部学問の対象にはなるでしょうね。すべてね。

まあ、主たるものは、人間の活動に絡むものでしょう。人間の活動に絡むものを分析し、組み立て、「考え方」を定義していったりするようなのも、学問と言うんだろうと思うし、それ以外の自然科学的なものもあるのかもしれませんが。

ただ、「科学という言葉で全部説明できる」っていうのは、傲慢としか言いようがないと私は思いますねえ。

私の哲学を、科学的になんか〝分析不能〟ですよ。どうやって分析するんですか。それをやるとしたら、ソクラテスの対話篇に出ている言葉を調べて、「〇〇という言葉は何回使われているか」みたいなことをやって、「次の本には、この同じ『〇〇』という言葉が何回使われているか。語数のなかの頻度を見て、同一人物の発言かどうかみたいなのを調べる」みたいな。

まあ、そういう〝お楽しみ〟の学問があってもいいのかもしれませんけどね。「同じ人かどうか、その単語が繰り返し出てくるかどうかを見る」とか、そういう〝お楽しみ〟の、遊びのような学問があってもいいのかもしれませんよ。「科学的にそれが分析だ」と思うなら、それでもいいかと思いますが、やっぱり、本質はそんなところにはないでしょうね。

「哲学」を正反対の結論に導く「記号論理学」

ソクラテス　だから、定義は難しいんでしょうけども、少なくとも宗教に関しましては、あるいは、哲学に関しましては、「科学的かどうか」なんていうようなことは、出発点にはなりえませんね。

　哲学に関して言っても、「哲学を科学的に」とか言うと、現代の二十世紀以降の哲学みたいに、やたら数式とか記号論理学が出てくるような哲学になる。

　でも、結局ねえ、あれは本当に**正反対の**ものになってるわけですから。私が説いたころの哲学に比べればね。あんな記号論理学みたいなのを一生懸命やってるでしょ？　あれで、いったい誰が幸福になり、誰が救われ、誰が真理を知ることができるんでしょうか。

数学と一緒になってしまっているようなところもありますよね。もちろん、数学だって真理の一部かもしれませんが、「数学的に証明されないものは哲学ではない」なんて言ったら、たぶん、とんでもない間違いになるでしょうね。

それは、あなたがたで言えば、「大根の種をまいたら、大根ができて、大根が食べられるけれども、なぜ種が大根になるのかが解明できないかぎり、大根は食べられない」みたいなことを言って、自分たちで手足を縛っているような感じかね。

九十九パーセントが〝砂に埋まって〟いる現代の学問

酒井　ソクラテス様の有名な言葉に、「無知の知」というものがありますけれども、その「無知の知」という観点から見て、今の学問を、どういうふうにお考えですか。

ソクラテス　そらあ、はっきり言って、九十九パーセントが〝砂のなかに埋まって〟いると思いますよ。出ているのは、一パーセントぐらいで、ほとんどは……、まあ、エジプトのスフィンクスなんかも、長らく砂のなかに埋まっていたと言われていますし、ピラミッドなんかも埋まっていたって言われている

●無知の知　デルフォイの神殿でソクラテスの友人が、「ソクラテス以上の知者は誰もいない」との神託を受けた。ソクラテスはある政治家との問答時に、「私は知らないことは知らないと思う、ただそれだけのことで私のほうが知恵があり、勝るらしい」と、神託の意味を悟ったという(『ソクラテスの弁明』)。

けど、〝何千年の埃〟のなかへ、どんどん埋まっていくんですよ。この世で生活していると、どんどん埋まっていくので、これを取り除かなければいけなくなってくるんですね。

そういうふうに、学問にも、〝埋まっている部分〟が、そうとうあるでしょう。やはり、それに対して、その限界を突破し、新しい知識を求めて探究していくことが大事なことだというふうに、私は思いますね。

いずれにしても、今、あなたがたは、「未来学」もできなければ、「古代学」もできず、「宇宙学」もできないし、「心霊学的なもの」もできない状況に置かれているわけで、いわゆる「閉じ込められた世界」のなかに生きているんですよね。

さらに、「その閉じ込められた世界が、すべての世界だ」と思わされている。

まるで、水溜まりのなかに棲んでいるオタマジャクシかミズスマシのような生き方をしていて、「これが世界だ」と教わっているということですね。

「水溜まりのなかに棲んでいるオタマジャクシにとっては、いくら大海の話を聞いても、分からないものは分からないから、『自分が経験したこともなく、見たこともなく、行くこともできないところは、存在しないのと同じだ』と言っている」というのが、今の学問の状況でしょうね。

4　「学問」の原点にあるものとは

仕事に使える道具としての知識や技術が学問なのか？

酒井　今回（大学開設不認可）の件に関して言うと、「真実の探究」ということで考えれば、「真実というものを、ほとんど探究していない」というだけではなく、「真実を探究してはいけないと言われた」ということに近いような気がするのですが、本当の真実を探究しない場合、大学や学問というものは、今後、どうなっていってしまうのでしょうか。

ソクラテス　それはねえ、学問ではなくてね……。まあ、求めているものは「学問」ではないと思うよ。そうではなくて、「実用の学」としての道具だね。それは、道具を求めてるんだと思うんですよ。仕事に使える〝道具としての知識や技術〟を、学問と呼んでるだけなんじゃないの？

　これはきっと、特に明治以降、そういう傾向があるんだと思うけど、仕事に就いて、それで収入を得るための知識や技術の習得のことを、学問と呼んでるんじゃないの？　そういう、いわゆる「実用の学」でしょう。

　その定義から言えば、はっきり言って、哲学なんていうのは、実用性がゼロですからねえ。まったく実用性がないものですので。まあ、私の母親は産婆だから、「産婆学」を学べば、ちょっとは実用性が出ますがね。ただ、男の助産師っていうのも、あんまり好まれませんしねえ。

あるいは、父親は石の彫り物とかをやってたようですので、まあ、売り物が彫れれば、多少は実用性があろうかと思います。しかし、私は、日本で言えば、墓石を切り出して、そこに、「○○家之墓」っていうのを彫り込んでいるよりは、そんな、人の名前を彫り込んでいるよりは、「生きている人間の心のなかに、魂の言葉を刻みたい」と願う人間ですからね。その「魂の言葉を心のなかに刻む」という行為自体は、目には見えないものですよ。

（質問者を見て）例えば、墓石に、「斎藤家之墓」と彫り込む。「御影石を、鑿で打って、穴を開け、斎藤家の墓が出来上がった。幾らです。売ります。技術ができました」と。これは、「実用の学」かもしれませんが……。

私は、そういうことをするよりも、あなたの魂のなかに霊的な刻印を残すことを、仕事として選びたいというふうに思うわけです。

魂(たましい)や神の存在は「真理のなかの真理」

斎藤　今、ソクラテス様のお言葉のなかに、「魂(たましい)の言葉を刻みたい」というものがありましたし、冒頭(ぼうとう)の学問の定義のところでは、「学問とは、神様の創られた世界の真理を明らかにしていくこと」「真理を覆(おお)っているものを取り除いていく作業が学問である」というように述べておられました。

「魂」や「神様」という言葉が出てきたのですが、学問を考えていく際に、ソクラテス様のなかで、「魂」や「神様」というのは、どのような位置づけにあるものなのでしょうか。

ソクラテス　まあ、数学で言えば、それは、「一、二、三、四、五、六、七、八、九、十」っていうような、そういう基本的な数字みたいなもんですよ。数字なくして計算は成り立たないでしょう?　まず数字があって、計算が成り立つ。

「魂」や「神」の存在っていうのは、そうした数字に当たるようなものだし、まあ、英語で言えば、アルファベットだね。「A、B、C、D、E、F、G、H……」っていう、二十数文字のアルファベットに当たるのが、そうした、「魂」や「神」の存在でありまして、それから、いろいろなものが派生するわけです。つまり、アルファベットの組み合わせで「単語」ができ、その単語の組み合わせで「文(ぶん)」ができてくる。あるいは、文のつくり方で「文の種類」ができてくる。

同じく、複数の数字を組み合わせることで、一定の大きさの数字ができ、それを、掛(か)けたり、割ったり、足したり、引いたり、あるいは、さまざまな高度な数学も出来上がっていく。でも、やっぱり、もともとの、数字そのものは必要ですよね。

そういうものでして、「神」とか「魂」とかいうのは、「真理のなかの真理」であるんです。こちらを証明するっていうんじゃなく、こちらのほうが**前提**であって、「この世のものが、どのようにつくられたのか」ということを探究していくのが、「本当の学問の態度」ですよ。

学問は「新しい何か」を創り出したわけではない

ソクラテス　例えば、医学の原点は、「なぜ、人間は、こういうふうに創られているんだろうか」と……。まあ、創られた痕跡のある人間ですからね。「人間は、この世で生きていけるような体に創られているが、どういうふうに創られているんだろうか」という、その仕組みを解明していくのが医学であって、「医学でもって、神の存在が解明できる」と思うなら、これは大きな間違いですよね。

さらに、「どうして子供ができるのか」っていうようなことなんかは、何千年、何万年、あるいは、それ以上の長い年数、ずっと分からないままで、「男女が結婚して、愛し合えれば、子供ができる」っていうことだけは分かっているが、「なぜ、子供ができるか」という理由は分からない。それが、「医学が進歩して、その途中の経過がいろいろ分かるようになってきた」っていうことはある。

ただし、それは、新しく医学が創ったことではなくて、「時間をかけて、それが分かるようになり、解明されてきた」というだけのことだよね。

それは、もともと存在していたことで、それが分からないときには、「雨が降って、精子が体のなかに宿って、女性が妊娠する」みたいなことを言ってたものもあるしね。まあ、原始的な迷信は、たくさんあっただろうとは思いますけれども、それを合理的に説明していく技術は進んできたんだと思います。しかし、「何かを創り出したわけではないんだ」ということですねえ。

化学反応の式とかも、いろいろあるかもしれませんが、結局、「なぜ、そうなのか」っていうことは、説明できないんですよね。

水素と酸素が結合したら水ができる。それは事実だけれども、なぜかは分からない。なぜ、水素があるのか。なぜ、酸素があるのか。分からない。なぜ、火を点けたら、爆発したり、水蒸気ができるのか。分からない。ただ、「現に与えられているものを、一生懸命調べている」というだけのことだよね。

また、人間活動に関しましては、いろいろな活動がありますから、文系の学問は、複数の人間が社会をつくっていくうちに、「どういうふうな社会をつくっていけばいいか」という「適正なルール」を求めて、長らく発達してきたんじゃないでしょうかね。そういうふうに思います。これが〝逆転〟してきたものは、そうとうあるのかなっていう気はしますね。

現代の哲学は「魂の存在」を説明できない

秦　「魂を語ることすらできない」というのが、今の哲学の現実だと思うのですけれども、そうすると、現代においては、ソクラテス先生が始められた本来の哲学とは、全然、違うものが出来上がっていると思いますが……。

ソクラテス　そうですね。まったく違いますね。〝鬼子〟と言ってもいいでしょう。

今の哲学者に訊けば、「魂の存在を個人的に信じてる」っていう人は、そらあ、いるとは思いますよ。

ただ、大学の講壇に立って、堂々と魂の存在を説明できる人はいないでしょうね。あるいは、「古文書としてのギリシャ哲学で、こう説かれている」ということを説明することができる人はいるとは思いますが、それを信じさせることができる人はいないんじゃないかと思います。

「誰それは、こう言っている」ということは言うかもしらん。でも、「それは、正しいんですか」って訊かれたら、答えられないっていうのが現状じゃないでしょうかね。

そういう意味では、「真理に接近していく作法としての科学性や学問性は、ある意味では衰退している」と言わざるをえないところがありますわね。

「証明できないから学問ではない」という言い方は傲慢（ごうまん）

秦　そもそも、哲学者には、「知を愛する者」という定義もあると思うのですけれども、現代において、これはどのように理解すればよろしいでしょうか。

ソクラテス　うーん。「知」という言葉が多義にわたっているので、誤解を招く恐（おそ）れもあろうかとは思いますけども、やっぱり、「真理」ということで、よろしいんじゃないですかね。

つまり、（「知を愛する」とは）「真理を求める」ということだと思います。

〝あなたがた（幸福の科学）的〟に言えば、「仏法真理（ぶっぽうしんり）を求める」ということでもいいし、仏法という言葉を使うと、仏教的に聞こえすぎるというのであれば、「神の真理」というふうに言ってもいいと思いますけども、少なくとも、第一原因、要するに、「なぜ、この世があるのか」「なぜ、人間がいるのか」という「第一原因」については、もはや人間が証明できる範囲ではないものなのでね。

「創られたもの」としての痕跡は、すべてのものにあります。しかし、「なぜ、創られたか」は分かりません。「どのようにして創られたか」も分からないものが多いです。

ただ、「今、創られたものに、どういうことができるか。どういうふうな仕組みで、そうなっているか」については、調べることができます。

人間の動きをロボットのように解説したり、解剖したり、「どこが、こういう機能を果たしているか」というようなことを調べたりすることはできます。

でも、「なぜか」については分かりません。

「なぜ、地球が太陽の周りを公転してるのか」。それについては、やっぱり、分かりません。「なぜ、地球は猛速度で自転しているのか。猛速度で自転してるのに、なぜ、表面に住んでる人たちは平気なのか」。これについても、分かりません。

地球は、ものすごい速度で自転しているはずです。あなたがたは、そんなところに平気で座っていられるはずがないですし、暴風が吹いて、（酒井の頭を指して）もし、それがカツラだったら、吹っ飛ぶはずなんですが、なぜか、みんな平気で座っている。なぜかは分かりません。

あるいは、引力っていうものがあって、みな地に足がついているけども、なぜ、引力があるのに、床(ゆか)から足を上げて歩くことができるのか。これも分からないですね。もし、これが磁石のようなものだったら、鉄のように、くっついて離(はな)れない状態になりますよね。これだけ下に引っ張る力があるのに、それを無視して、歩くこともできる。まこと、不思議ですねえ。

世の中には、このへんの「分からないもの」が、幾らでもあります。天体についても、分からないことは数多くありますし、生き物についても、その仕組みが分からないことは数多くございます。

ですから、「進化論」などが発表されても、まあ、確かに、一部には、「これから、これが進化したのかな」と思えるような動物があるかもしれませんが、そのプロセスを、全部収録して収めることができた者はいないわけです。

まあ、オタマジャクシがカエルになっていく過程ぐらいでしたら、ビデオに撮ることはできましょうけれども、「長い過程で、微生物が人間になった」っていう、その〝フィルム〟をつくれた人はいないはずです。

このように、科学の大部分は「仮説」に基づいて成り立っているものであるので、同じく、仮説に則って言うのであれば、それは、神学だって、哲学だって、宗教学だって、みんな、ある種の仮説ですよね。それらは、人間の立場から見れば、仮説によって出来上がってる学問ですので、それ以上にはいけないところがございます。

したがって、「証明できないから、学問じゃない」っていう言い方は、傲慢にすぎると、私は思いますがね。

5　「哲学・道徳・宗教」の関係について

真理は「信仰」によって受け入れるしかない

酒井　先日も、カント先生に霊言でお伺いしたのですが（『カント「啓蒙とは何か」批判』〔幸福の科学出版刊〕参照）、「カント哲学的な流れ」から、今の学者たちの考えができていると思われるのですが、その「カント先生的なものの考え方」の問題点について、ソクラテス様から、いま一度、何かお話しいただければと思います。

ソクラテス　まあ、とにかく、（カントには）霊能力がなかったから。要するに、「体験してない者には分からなかった」ということは、やっぱり、ありますよね。それについては、しかたがないところがあるね。

だから、一度やけどをしたことがある者には、火の怖さは分かるわね。一度、水に溺れかかった者には、やっぱり、水の怖さは分かるわねえ。だけど、経験したことのない者は、いくら絵本で読んでも、やっぱり、想像しかできません。目の見える者には、目の見えない人の気持ちが、基本的には分からないところはあるし、目の見えない人には、目の見える人が感じているものは、基本的には分からないところがある。

これは、今、「真理が分かる人」と「真理が分からない人」の例として言ってるわけですけども、「耳が聞こえる人」と「耳が聞こえない人」がいると、「耳が聞こえない人は、耳が聞こえる人の言っていることが分からない」というところはあるでしょうね。音楽の素晴らしさを、いくら文字で書かれても、やっぱり、分からないところはあるでしょう。

まあ、そういうふうに、「真理」には、「分かる者には分かり、分からない者には分からない」というところはある。

だから、宗教においては、最後、「信仰」ということで、「信じる」ということで、その〝境界〟を飛び越さなければいけないわけですね。

この世において、明らかに間違っていることや、嘘をついている者に対しては、「その間違いを正し、隠蔽しているもの、覆っているものを剝ぎ取っていく」という作業は要りますけれども、「真実のもの」が現れてきた場合、最後は、それを受け入れるしかないわけです。

「食べ物だと言われたって、自分が育てて、調理したもの以外は、一切、信じられない」っていうのであれば、大部分の人は大変でしょうね。スーパーでものを買って調理して食べたり、ホテルで食べたりするのだって、信用できないでしょう。それがいったい何だか分からないですからね。

まあ、そういうことになっていくでしょうから、「信じる行為」っていうのは、「信仰行為」としてもあるけれども、人間間においては、「信頼行為」として成り立つものです。だから、明確な嘘、インチキ、騙し等をやっている者は取り除くとして、それ以外の人に関しては、お互いの良心を信じることが大事になりますね。その信頼関係が築けなければ、人間としての共同生活は不可能になります。「全部が嘘だ」と思ってやってたら、できなくなりますよね。

「道徳」の根底には「善を追究する哲学」がある

酒井　今の政府は教育においては、一方で、「道徳」ということに関して、極めて肯定しています。ただ、その道徳も、結局は、今のソクラテス様のお話で言えば、経験できていないこと、つまり、「正義も善も悪も見ることはできない」ということで、それは、本当の根拠が分からないままの、ただの「慣習」だと思うのです。慣習的に、「これがいい」とか「悪い」などと言っているレベルです。もし、本当に道徳教育をするのであれば、その根底にあるべきものは何かということを、ソクラテス様からお話しいただければと思います。

ソクラテス　いやあ、それは、もう「哲学」ですよ。それは、私の言う「哲学」そのものですよ。「哲学とは何のためにあるか」ということですけど、やっぱり、「善を求めること」ですよ。徹底的に善を求めることなんです。「善を求める」ということが、結局、「幸福の基」なんです。

そして、「人間が幸福になる」ということはどういうことかと言うと、やっぱり、「善を求めて生きる」ということなんですよ。善を求めて生きることが幸福なんです。これが、哲学が、人間を幸福にするためにあるものだということなんです。

だから、善を求めて生きる、「その善とは何か」ということを探究していくのが、「愛知者の使命」であるわけですね。

「これが善だ」ということを見分けていくときには、やっぱり、〝凡百の人〟

では、そう簡単には分かりませんから、指導者、霊覚者、悟りたる者、あるいは、グル（導師）といわれるような人が必要になってきます。そういう、「選ばれし者」がいなかったら、基本的には、善悪は分からない。

だから、今、伝えられている善悪はすべて、「救世主」とか「預言者」とか、あるいは、何らかの、そうした「学問的な祖」に当たるような人たちがつくり出してきたもの、彼らが唱道して、みんなが受け入れてきたものだと思いますね。「そういう意味での選ばれし指導者が出てくる」っていうことを受け入れなければ、全員が、そう簡単に辿り着けるようなものではないと思うんです。小学校一年生の足し算・引き算とは、一緒にはいかないと思いますね。

だから、「善とは何か」を追究するのが「哲学の使命」であり、それを具体的な事例に当てはめて、「この場合はどうですか」「この場合はどうですか」

と確認し、だいたい合意が取れるような事案にまで具体化していったものが、「道徳」ということになりますね。

「最高の哲学」は「最高の宗教」と一致する

斎藤　今、「哲学とは善を求めること」という言葉が、ものすごい〝一転語〟（仏教において、迷いを覚ますための言葉）で……。

ソクラテス　それはそのとおりですよ。そのとおりだ。

斎藤　現在の学問の世界のなかにある「哲学」では、「観念的に用語を駆使し、その流派の流れの哲学者の思想を再現的に学んでいくことが哲学だ」ということになっているのですが、「善を求めて実現していく」ということは、よく考えてみますと、ソクラテス先生の『言行録』のなかにも遺っていまして、「よく生きること」というお言葉があります。

ソクラテス　うん、そのとおり。そのとおり。

斎藤　哲学をやっていて、「よく生きる」とは、どういうことなのでしょうか。

ソクラテス　まあ、「よく生きる」ということが、「善を求めている」ということに相当するわけだけども、善を求めていくと、結局のところ、「最終目標」

●**よく生きる**　ソクラテスは、「大切にしなければならないのは、ただ生きるということではなくて、よく生きるということだ」（プラトン著『クリトン』）「自分が生きられるはずの時間を、どうしたら最もよく生きられるかを考えるべきだ」（同『ゴルギアス』）と、行動の指針について述べていたという。

は何であるかと言えば、「最高善」だよね。

斎藤　「最高善」？

ソクラテス　うーん。「最高善を求める」ということに、最後はなるわね。

斎藤　はい。

ソクラテス　「最高善とは何であるか」っていうと、それこそ、「神の存在」に行き当たるわけです。

やっぱり、神が存在してくれなければ「最高善」は存在できないわけで、それに、より近づいていこうとすることが、よりよく生きることであるし、より近づいていこうとする努力自体が、「善を求める行為」なわけですね。

哲学はそれを求めているわけであって、まあ、道徳よりも上位概念であることは間違いありませんけれども、基本的には、宗教と矛盾するものであってはならないのです。

斎藤　お話を聴いていると、あまり、「哲学」と「宗教」は矛盾していないですね。

ソクラテス　矛盾してないよ。全然矛盾してないよ。

斎藤　しかし、現代においては、「哲学」と「宗教」は、何か、矛盾するような感じもありますが……。

ソクラテス　全然、矛盾してません。

斎藤　全然、矛盾していないですね。

ソクラテス　ええ。まったく矛盾してません。少なくとも、邪教が氾濫している状況であれば、それを篩にかける仕事が、哲学には出てくると思います。

邪教がたくさん出ていたり、「これらの言っていることが全部違う」って言うんだったら、これは、さすがに、みんなも、どうやったら神に近づけるか分からなくなりますから、邪教の〝ベール〟を剝がしていきながら「真実のものは何であるか」を選び取っていく作業が、哲学の作業のなかにも入ってくるかもしれません。

ただ、「最高の哲学」は「最高の宗教」と一致するはずです。

「道徳」は真理の世界まで目が届かない人たちへの「方便」

秦　先ほど、「善悪を決めてきたのは、過去の救世主の方々だ」というご指摘も……。

ソクラテス　いや、「救世主」じゃなくて、やっぱり、「神」だね。

秦　神様ですね。

ソクラテス　うん。

秦　そうしますと、「宗教と道徳も、非常に密接なもの」ということになると思うのです。今、教育界においては、このあたりについて理解されていないのではないかと……。

ソクラテス　いや、「道徳」っていうのはねえ、宗教が語るあの世の世界や、それから、霊界（れいかい）や神様や天使の世界について分からなくなった人たちのための

「方便」として、「この世に限って勧められる生き方をまとめたら、こういうふうになる」っていうふうにしたものであって、それが、「道徳」のレベルなんだよね。

そうすると、唯物論者にも、比較的よりよい生き方を教えることができるでしょ？　そのよりよい生き方は、本人が自覚してないだけで、死んだあとも、「あ、これでよかったんだ」という生き方につながっていく。そのためにつくるのが道徳であって、要するに、道徳は、「真理の世界まで目が届かない人たちのための『方便』として要求されているものであり、あるいは、そうした真理の世界に入っていく人が、そこに入る前の段階の準備として用意されているものだ」というふうに考えていいんじゃないかな。

神の否定により、「道徳」が権力者の支配の道具になることもある

秦 そう考えますと、「道徳、道徳」と言いつつも神様を肯定しないのは、「本当に根源的なるものを分かっていない」という状態であり、それが現状なのかなと思うのです。

ソクラテス だから、気をつけなければ、神様がいなかったら、「道徳」というのが、「時の権力者が、自分の言うことをきかせるために使う行為」になりかねないということになりますよね。

つまり、神様を否定すればどうなるか。それは、お隣(となり)の中国で起きたことと

同じことになります。「毛沢東が国家主席になる。そうしたら、宗教家でもないのに、宗教家よろしく、『毛沢東語録』のような赤い表紙のものをみんなが持って、こうやって振っている（右手を頭の上まで上げて、手を振るしぐさをする）」。

「神様がない世界」は、こういうことになりますよね。

秦　はい。

ソクラテス　だから、この世限りでの彼らが、自分らが〝民衆を支配する道具〟として「道徳」を使う。つまり、道徳も、「あの世を認めない道徳」であれば、この世の権力者が、その権力を行使する手段、人々を洗脳し、誘導し、そして、服従させる手段として使うわけです。だけど、神という存在があった場合には、これは、なかなか許されないことになりますね。

この世の人間、例えば、ヒットラーが、「ユダヤ民族というのは呪われた民族であり、アーリア人の末裔であるわれわれは優れた人種である。だから、その呪われたユダヤ人を抹殺することは善なんだ」ということを、政治指導者として決めれば、「それを励行したら、それは道徳的な行為なんだ」っていうようなことを、この世の人がつくることはできるんです。つくろうと思えばね。

ただ、「それは神の目から見て正しいかどうか」っていう判断をするには、もう一段、高次なところから見なければいけないわけで、「ちょっと待った！」というところは、やっぱり、あるわけです。

「ユダヤ人全員が呪われた民族である」というだけの定義だったら、「古代の

『旧約聖書』からの教えは、全部を否定するのか。その影響を受けたキリスト教も否定するのか。そのキリスト教の影響を受けたイスラム教も否定するのか。それから、現在の人たちが、よりよき人間になろうとして信じている数多くの宗教も否定するのか」というところまでくるわけですね。

だから、道徳だけに限って宗教を排除した場合には、やっぱり、それを、時の権力者の都合のいいように使われることがあります。

例えば、日本であれば、（江戸時代に）「参勤交代」の制度が定められて、「毎年、郷里から江戸へ出てきては、また翌年には帰るというのを、繰り返し繰り返しやって、経済的に藩の財政を疲弊させることが、幕府を守ることになる。要するに、各藩にお金を使わせて貯金が貯まらないようにし、経済的に赤字状態において苦しめる。そうして弱めることで幕府の安泰を図る。これが

〝最高善〟だ」と、為政者である幕府の将軍や老中たちが考えれば、そういうことが、一種の道徳になりましょうけれども、それを根本的なところから見れば、若干、違うでしょうね。

治安の安定や秩序の安定も、一つの善の一部であることは事実かもしれませんけれども、やっぱり、「究極善」とは、ちょっと違うものがあるでしょうね。

6 哲学から見た政治の理想について

「神の声が聞こえる」ことの重要性と「民主制」に潜む危険性

酒井　今の話をお聞きしますと、「現在は、プラトンの『国家』でいえば、僭主制に入っていく流れにある。現代でいえば、民主制があって、衆愚制になり、次に来るのは僭主制ではないか。独裁者の時代ではないか」というようにも思えなくはないのですが……。

ソクラテス　はぁ……（ため息）。

酒井　この時代状況についても、今のように、学問的、道徳的な見地からお話を頂ければと思います。

ソクラテス　まあ、「哲人王の思想」もあるけどねえ。
「哲人王の思想」というのは、ある意味で言えば、救世主とか、そういうものの置き換えであるわけですよね。つまり、そうした神の言葉が必ずしも聞こえる人ばかりではないかもしれないけれども、人間的に優れた知性を磨いて、この世を大いなる智慧で治めて繁栄させることができる人が出たら、「哲人王」として認めることができるところはあるわねえ。

まあ、そういうのは求めたけども、「実際には、そうした哲人王じゃない独裁者のほうばっかりがたくさん出てきていた」というようなことだわねえ。

だから、やっぱり、「神の声が聞こえる」ということは、とっても大きなことで、それが神の声であるか、悪魔の声であるかが分からないために、異端審問があったり、さまざまな宗教戦争があったりして、大変なことではあるんだけど、歴史がすべてを証明していくところがあることはあるんですけどもね。

ただ、同時代人であっても、そうした神の声が伝えられる者の「霊的なバイブレーション（波動）」というのは、やっぱり感じ取れるものであるので、そういう意味では、悪の勢力が地上にはびこらないようには努力しないと危険だねえ。

最高善を説く者、あるいは、人類を導く者は、本当に一握り、もしくは、一人であることも数多いので、民主主義の制度が、〝衆愚制度〟と置き換えられるようなものになっていたら、たいていの場合は、葬られる結果が数多く出てくるでしょうねえ。そのへんは心配なところだね。

「最高だ」と思っている民主制が、衆愚制に、実際、堕ちているなら、衆愚制に堕ちていること自体が分からないことが多いですから、その愚かであることの代償を、やがて自分たちで払うしかなくなるでしょうね。

本当の「学者の使命」と「法治制」への疑問

酒井　そこに対して、今、幸福の科学は、大学を設立して、正しい学問や正義を打ち立てようともしているわけですが、そうした、衆愚制から全体主義に向かう流れに対して、学問はどのような役割を本来、果たすべきなのでしょうか。

ソクラテス　うーん。まあ、「水は上から下に流れる」というとおりですねえ、やっぱり、「智慧の源」になっていかなければいけないでしょうね。智慧の源になるところを研究して、それを発表していくことが、本当の学者の使命だろうと思うんですね。

　だから、大学に、「ただ在籍だけしている」とか、「本の一冊も書かずに、学長をできるような人が存在する」とかいうこと自体は、もはや、「制度の維持のほうに力点が移っていて、システムの再生産ばかりが機能している」ということだと思うんですねえ。現実に、世の中に役に立つものを出していけないで、ただただシステム上、維持されている。

気をつけないと、役所も同じだし、大学もそうですけども、「単なる失業対策の場になっていることは多い」ということを知らなきゃいけない。〝大人になれない症候群〟が、大学にずっと居続けている場合もあるわけですね。「何か、新しいことや便利なことを思いつくわけでもなく、何か、人の世の中をよくすることを思いつくわけでもなく、ただ生きていくための手段として存在している人たちがいて、それをまた護送船団的に保護している人たちがいる」ということだねえ。

まあ、「法治国家の『法治制』というものが比較的いい」ということで、現在、やられてはいるんでしょうし、その法治も、かなり専門分化してきていますので、全部が分かる人は非常に少ないことではあろうと思いますが、いや、いずれ、これは、またもう一回、イノベーションが起きるでしょうね。人間が考えてつくったこととか、議会でつくったことが、何でも最高善のはずがありませんわねえ。

それは、今のところ、日本と中国の意見が合わなかったり、アメリカと意見が合わなかったり、ロシアと意見が合わなかったり、フィリピンと合わなかったり、イスラム国と合わなかったりするのと一緒でしてね。なかなか、そんな、自分たちの国の議会で、多数決で決めたものが、最高善になるわけではないでしょうね。だから、もう一段、謙虚でなければいけないね。

「真実を見抜く」ことの難しさと「ドラッカー」への論評

斎藤　今の質問者の話にも関連しますが、経済学者のピーター・ドラッカーという方が、近年、その学問の立場や哲学のものの見方から、ドイツにおけるヒットラーの国家社会主義的な台頭を初期の段階で見抜いた事例があると、大川隆法総裁から教わっています。

学問、あるいは哲学には、そうした「判断し、ジャッジをかけていく」という使命が、本来、あるのでしょうか。

大川隆法総裁からは、「ソクラテス的人間」というキーワードを頂いていまして、「真理や学問によって、現在ただいまの現象として起きているものの善悪を判断していく力が必要である」ということも教わっていますけれども、ソクラテス先生から見て、いかがなものでしょうか。

ソクラテス　まあ、（今の）「学問」という言葉には、ストレートには信用できないものがあるのでねえ（笑）。

数多くの〝ガラクタ〟が生み出されているわけですし、色分けができていないのでねえ。いろいろなものが、もう、善なるものも、悪なるものも、間違ったるものも、たくさん生み出されていて、「単なる思想の自由市場で淘汰を待つのみ」ということになっていますので、「何が正しいか」ということが分からないし、時々の「ブーム」というのもあるからねえ。「ブームに則って広がる」ということもあるので、真実は、そう簡単に分かるものではないと思いますねえ。

まあ、「ピーター・ドラッカーがどうだか」というようなことは、私はあんまり、よくは分かりませんが、何でしょうかねえ。ある意味での〝予言者的資質〟は持っていたんではないかねえ。そんなような感じはいたしますけどもねえ。

ただ、うーん……、「現代を説明した、現代のあるべき姿を描いた」のかとは思いますけれども、そこから始まって、未来がすべて描けるようなところまでは行ってないんじゃないですかねえ。

7 「ソクラテス裁判」を振り返る

言論人が乱立する混沌の時代に「真理」を伝えたソクラテス

斎藤　ソクラテス様は、当時のアテナイ（現在のアテネ）市民やソフィストたちとガンガン対話しながら、「本当の知とは何か」ということを教えていかれたときに、「ギリシャの伝統的な神を冒瀆し、青年を惑わした」という罪で●裁判にかけられて有罪となり、最期は毒ニンジンの杯を飲んで亡くなられてしまいました。

●ソクラテス裁判　ソクラテスは、一般市民から選出の501人からなる法廷で、281票対220票で有罪判決。最終的に361票で死刑宣告された。罪状は「国家の認める神々を認めず、新しい鬼神（ダイモン）を祀る罪」「青年に害悪を及ぼす罪」。無知の知を問われ、恥をかいた知識人からの私怨も影響した。

そのようなお話を聞き、われわれは敬意の思いを抱いているわけですが、そうした、時の政権というかアテナイの市民たちに、裁判のなかで真実を訴え続けられたソクラテス先生の「情熱」「思い」というのは、いったいどのようなものだったのでしょうか。

今、質問者の酒井のほうからありましたように、私たち幸福の科学も、「学問のあり方」について、国家からいろいろと言われていますので、ソクラテス様の生き方、姿勢から学ばせていただければと思います。

どのような心境でそこまで突っ込んでいかれたのでしょうか。その「思い」について、一端なりとも、ご教示いただければ幸いです。

ソクラテス　まあ、「真理への確信」でしょうね。確信があるからでしょうねえ。「自分は真理をつかんでいる」と確信を持っているから、それを伝えている。

ほかの人たちは、それを理解できないし、学ぼうとしないし、聞こうとしない。そういう人は、たくさんいる。それは向こうの自由だからね。そらあ、「私が真理を語っている」ということを学ぼうとしないのは向こうの自由であるから、あちらが多数であるときに、「否定する」ということはあろうねえ。

タイムマシンに乗って、二千何百年も後から見て、「ソクラテスという人は、後世、非常に尊敬される人であるんだから、もっと大事にしたほうがいいよ」みたいなことを言ってくれる人はいないわけですね。

同時代には、私と同じように、「ソフィスト」というような言論人がたくさんいたわけで、みんな「誰が偉いんだか」、本当はよく分からないような感じで、百花繚乱、意見は言っていたわけだけど、実際は、高低ね、言っていることのレベルの上と下はあったんだけど、同時代人に、なかなかそれが分からない。

それに、いわゆる、今で言う「ポピュリスト」（大衆迎合主義者）に当たる人は、やっぱり当時もいたわけで、「人気取り」だね。人気取りの意見を言う人は、たくさんいたわけなので、そういうのに騙されるわけ、民衆はね。騙される。「弁舌さわやかに騙してくるやつに、やられてしまう」ということはあるわねえ。

まあ、戦争なんかの時代でもあったんでねえ。「国論をどっちに持っていくか」というのは非常に難しい時代であっただろうとは思うけど、なかなか、一つにまとめるのは、そう簡単なことではなかった。「やってみないと分からない」ということは、たくさんあるからねえ。

なぜソクラテスは「死」を恐れなかったのか

ソクラテス　ただ、私たちに言えること、アテナイの住人として言えることとして、何か、この地上的な生命の維持というか、「単純な生命の存続が最高の善である」みたいな考え方に対しては、抵抗する気持ちはありましたね。

だから、今の日本人には、たぶん通じないと思いますよ。今の日本人は、おそらく、「地上の生命を生き長らえることが最高善だ」と思っている人が、多数なんじゃないですか？

ただ、私たちは、そうではなかった。「この地上を超えた、真理と合致した生き方をすることが最高善」というように思っていましたから、その意味では、「死を恐れていなかった」というか、「真理を曲げるぐらいなら、死を恐れない」という気持ちですかね。

「自分は間違っていない。正しいことをしているのに、それを『間違っていた』と認めて無罪にしてもらうぐらいでしたら、どうぞ死刑にしてくださって結構です。毒杯を飲んで、自分から死にます。自分の信念を曲げて、真理を『間違いだった』と言うぐらいだったら、それは喜んで死にます」と。

まあ、そういう気概は持っていたわね。イエスだって、基本的には同じでしょう。そんなようなものでしょう。やっぱり、「真理の確信」を持っている人はね、この世の権力とか、この世的な、本当に道徳的レベルの善悪とか、そういうちっぽけなものは無視していく傾向があるんですよ。

そういう意味では、この世との摩擦（まさつ）は起きるんですけどね。特に、優（すぐ）れていれば優れているほど、頭が切れれば切れるほど、それは、また相手も受けるダメージはそれなりに大きいから、「反撃（はんげき）、反発も大きい」ということはありましょうけどもね。

ただ、そういう少数のねえ、真理を曲げないで貫（つらぬ）き通した人が、やはり、人類の歴史をつくってきたんだと私は思いますね。

「ダイモン」を信じる〝新宗教の教祖〟だったソクラテス

酒井　ただいま、おっしゃられた「真理の確信」の部分は、単に哲学（てつがく）的に頭で考えたものではないと思います。

ソクラテス　うん。

酒井　そうした「霊的なもの」、あるいは、「神なるもの」と「ソクラテス様の当時の生き方、真理の確信」との関係について、教えていただけますでしょうか。

ソクラテス　うーん。もちろん、私も最高レベルまでは行っていないから、間接的なものにしかすぎないかもしれませんが、「ダイモン」という守護霊、守護神にも当たるようなもの、まあ、“guardian spirit”（守護霊）に近いと思いますが、それが常に私の耳元で、私の考えや行動を判定しておりましたのでね。

（ダイモンは）「これをしろ」とは決して言わない〝人〟でしたけども、「してはいけない」ということについては、はっきりと言う方であったので、「それが『してはいけない』と言うか言わないか」ということを「一つの指針」として生きておりましたが、ギリシャの古来の神として明記されていない神ですからね。

「それを信じている」ということが、やっぱり、ギリシャの……。要するに、（私は）信仰がない人たちによって、迫害されたわけではないんですよ。ギリシャの伝統的な信仰を持っている人たちによって迫害されたわけでね。

ギリシャ古来の神々を信仰している人たちからすれば、そうした聞いたことがない、まあ、〝新宗教〟ですよ、もうはっきり言えば。新宗教なんですよ。「聞いたことがない新しい神様が指導している」ということでしょう？　新宗教に当たるわけです。だから、〝新宗教の教祖〟です、私はね。

斎藤　周りから、「ダイモンという神は、いったい何なのだ」ということで……。

ソクラテス　うん。そうそう。それは誰も知らない。ただ、私にそう名乗ってるだけですね。だから、ほかの人は知らない。そういう神は、ギリシャの歴史のなかには存在しないわけですから。

せめて、有名な、「アポロン」でもいいし、「ゼウス」でもいいし、何か言ってくれれば理解はできますが、そういう新宗教、まあ、新宗教と言やあ、新宗教だと思いますよ。だから、「迫害を受けた」ということです。

斎藤　それで、「青年を惑わした」と言われたわけですか。

ソクラテス　そう、そう、そう、そう。それについてくる者がいっぱいいたからね。そういうふうに捉(とら)えたということでしょうね。

8　ソクラテスの生前の霊体験について

ダイモンの上位に「神」が存在すると感じていた

斎藤　（ダイモンは）いつも、「何々するな」としか言わなかったわけですが、「何々をしろ」とは言わなかったのですか。

ソクラテス　うーん。これは不思議なんですけど、「完全に、あの世からの〝操り糸〟で動かされる人間になってはいけない」という考えはあったんではないかと思うんですよ。

だから、この世はこの世で一つの「完結した世界」なので、この世に生まれた以上は自分の判断、行動で主体的に生きていかなきゃいけないということはあったわけだ。

何でもかんでも言ってはいけないけど、ただ、考えに大きな間違いがある場合や、危険が及ぶような行動をあまりにもするようなときには、「よくない」ということは言ってくれるけども、「こういう発言をしなさい」とか、「こういうふうに言え」とかいうようなことをいちいち言って、「私を操り人形みたいに使おう」という立場ではなかったですね。

これは、あなたがたが言っている「魂のきょうだい」なんかもそうだと思うんですが、人格としては別人格として存在しているわけですね。

だから、何もかもを干渉するわけではない。ただ、本人についてはよくウオッチして見ている。その人（魂のきょうだい）の性格にもよりますけどね。おせっかいな人だったら意見をいろいろ言ってくることもありますし、何も言わないで見ている人もいるし、そういう魂のきょうだいも〝間が抜けて〟いると、この世の人が間違って地獄に堕ちてしまうようなことだってありますわね。その違いはありますけれども。

少なくとも、そのダイモンを通じて、私はもっと上の神にまでつながっているということは、たぶん、そうだろうというふうに感じておりました。〝私専任〟の高級霊がいるけれども、それはその上の神のほうにつながっているというふうに考えておりましたね。

幽体離脱をして「イデアの世界」を見ていた

斎藤　大川隆法総裁の講義のなかでもありましたが、ときおり、戦場に出られたときに、●一昼夜、ジーッと止まって動かなくなってしまったような、奇矯な行動に入られたというような記録も遺っておりますけれども（『幸福の科学大学創立者の精神を学ぶⅡ（概論）』『「比較幸福学」入門』〔共に幸福の科学出版刊〕等参照）。

ソクラテス　ああ、それはよくあることでして（笑）。

●**一昼夜の体外離脱**　ソクラテスは、「ポティダイアの戦役」に参加した夏、戦場で早朝から思いをめぐらしているうちに、正午になり、さらに夜が明けて太陽が昇るまで立ち続けていたという報告があり、この間、魂が体外離脱していたともいわれる（プラトン著『饗宴』）。

斎藤　えっ、よくある？（笑）そんな、普通はないですよ。

ソクラテス　いや、麦畑のなかで突っ立ったままで、かかしだね。かかしにな
ってたっていう。
　気がついて、「あっ、そろそろ、この世に帰らなくっちゃあいけないね」と
思って帰ってくるというようなことはある。
　だから、後世のスウェーデンボルグみたいなものの、もとは、ちゃんとあっ
たということですね。

斎藤　ああ。肉体から抜け出すような期間があったということでしょうか。

ソクラテス　うん、うん。「（ダイモンの）声が聞こえた」っていうだけでなくて、「ときどき（肉体を）抜け出して（あの世に）行っていた」ということですね。「だから、真理への実感が強かった」っていうことはあるね。

酒井　そこはどういう世界で、どういう方とお話しされていたのですか。

ソクラテス　それは、いわく言いがたい世界ですが、プラトンなんかが、いわゆる「イデアの世界」と言っている世界だよね。

この世的に言えば、「理想の世界」としか言いようがないですが、この世よりもはるかに美しくて、尊くて、そして、きらびやかで、知的で、愛と美と智慧(ちえ)に溢(あふ)れる世界ですね。

そういうイデアの世界を見てきていたわけです。私はそのイデアの世界に出入していたということですね。

ソクラテスから出た「哲学」には「霊的体験」がベースにある

酒井　そうしますと、ソクラテス様は先ほどお話があった「第一原因（神）」という部分を実際に体験した、経験したということですか。

ソクラテス　いやあ、「第一原因」までは行っていないと思います。やはり、〝神様が創られた芸術〟は何段階もあります。そのいちばん末端の部分がこの地上界ですので、地上界の人間が神様が創られた世界を忖度して、類推して見ているわけだけど、私は神様が創った、もう一段上の世界を見てきていたということですね。

そして、体験したことが、私の教説のなかで、いろいろなかたちの対話のなかで表れてきているわけで、一種のそうした確信に基づいて、相手が間違ってる場合に、それを論破していくというスタイルを取っていたということだよね。例えば、この世の人間がつくった「法律」とかいうのもあります。あれは、ある程度守らなきゃいけないところもあるけれども、真理の面から見たらおかしいというものも当然ある。

この世から見たら、「民意」というものもある。民意というのは尊い。みんながそう言っているなら尊いけれども、民意でも間違っているものがないわけではない。民意でも間違っていると思うのなら、それに対してアジ演説よろしく、「間違っている」ということを教えなければいけない。そう思うときもありますわね。

だから、そういうふうに自分の実体験したことを中心にしてやっていたわけですから、「宗教」というかたちにはならなかったのかもしれませんけれども、機能的にはそういう面もあったのかなあというふうに思っています。

哲学の流れのなかには、宗教だとは思わずに、そういう宗教のなかに通っているところの「ロジック」だけを一生懸命勉強していた人たちがいたってことだね。

特に、私たちは「知性派」といわれる者たちであるので、あなたがたが最近（霊言を）やっていた無教会派みたいな内村鑑三だとか、矢内原忠雄とか、南原繁とか、そういう知性派の人たちみたいな感じの系譜なので（『内村鑑三

「信仰・学問・迫害」を語る』『矢内原忠雄「信仰・言論弾圧・大学教育」を語る』『南原繁「国家と宗教」の関係はどうあるべきか』〔いずれも幸福の科学出版刊〕参照)。だいたいね。

大きく広がるところまでは行かなかったけれども、そうした頭を使うのが得意な方々は、やっぱりついてきていた。そういう「知識人用の宗教」と言えば、そうなのかもしれませんけどね。

だから、ある意味では、「リーダーを育てる宗教」だね。

ディベート中には「霊的インスピレーション」を受けていた

秦　ダイモンという守護霊様に当たる方は、してはいけないことに対しては

「してはいけない」と教える存在だったということですけれども、何か霊言のような「教え」を伝えることはあったのでしょうか。

ソクラテス　うーん……。まあ、よくは分かりませんが、激しくディベートして、論戦しているようなときには、おそらくインスピレーションを与えていたとは思われます。たぶんね。

秦　一部、霊言的な……。

ソクラテス　ああ、一部。そのとおりです。それは入っていると思いますよ。そうでなければ、私の言葉がこんなに二千何百年も遺ることはないでしょう。

だから、それだけの〝光〟がこもっていたということだというふうに思いますね。

斎藤　今のお話を聞いていますと、「信仰と学問」、「信仰と哲学」というのはまったく別なものではなくて、一緒(いっしょ)になっているような、合体(がったい)した、融合(ゆうごう)した世界に、ソクラテス様は生きているというふうにしか見えないのですけれども。

今、われわれは「信仰と哲学」、「神と学問」というのがまったく分離(ぶんり)された世界に生きているのですけれども、どんなふうに魂で感じられるのでしょうか。

ソクラテス　まあ、人の素質にもよるでしょうけどねえ。

いわゆるスウェーデンボルグ的な人は、この世的にも学問をやり、社会的にもある程度実績を遺して、五十代になってから「霊界探訪」を始めたっていうこともあったと思います。

同じ霊能者でも、知識的に非常に少なくて、神の声とか、あの世の霊の声が聞こえるようなタイプの人もあれば、知識的にも十分あって、社会経験的にも十分な実用性のある体験を積んでおりながら、神に選ばれて、そういう真理を伝える使命を受けてやる場合もあるわけですよね。

まあ、たまたまそういう人間だったということで、教えを説くと、だいたい整然として難しい教えになる場合もあるから、現代で言うと、いわゆる「学問化」しやすい、「学問的」になりやすい面はあるということだね。

それほど知性的でない人が説いた場合は、非常に感性的な教えになるので、庶民の心をつかむ、いわゆる「宗教」というのになりやすいというところだねえ。

だから、あなたがたの宗教は、「宗教」でもあるけど「哲学」でもあるし、宗教でもあるけど「科学」でもあるという、実に複雑な面を見せてるところがあると思いますよ。将来的に、たぶん複雑な面があると思いますねえ。

9 唯物論の危険性について

「頭のいい唯物論者」は悪魔になる可能性がある

酒井　話は多少変わるのですが、現代に立花隆氏という方がいまして、その人はエピクロスを引いて、要するに、「あの世はないと考えたほうが心が平安だ。神がないと考えたほうが心は平安だ」と考えているようです。

エピクロスは、ソクラテス様やプラトン様のあとに出てきた人間だと思うのですが、それを引いて、「現代人は科学的だ」と彼は認識していると思います。

最近の知者というか、知者を誇って(ほこ)いる者は、「神やあの世を否定する」というのが「現代人としての誇り」みたいに考えているのですが、それは過去にもあった話だと思います。当時にも、唯物論(ゆいぶつろん)とか無神論はあったと思うのです。

ソクラテス　うん。もちろん、そういう人はいますよね。

酒井　この人たちの本質は本当に「科学的な人たち」なのか、あるいは、「最も後れ(おく)た人間」なのか、このあたりについてソクラテス様からご意見を頂きたいと思います。

ソクラテス　まあ、それは〝皮が厚い(あつ)〟だけですから。「真理の光が射(さ)さないほど皮が厚い」っていうことですよね。

光が射さない。心の奥まで光が射さない人はいます。それが生物体として頭脳がいいかどうかは別のことですからねえ。

だから、そういう知恵が回って、悪いこと、間違ったことを教える人、指導する人っていうのは、気をつけないと「悪魔」になるタイプですよね。

悪魔っていうのは頭はいいですよ。一般的にね。頭がよくて、この世の普通の人や政治家、そうした宗教家なんかも騙すくらいの力を持っていますから。悪魔もそれだけ頭はいいんですよ。

だけど、「悪魔の頭のよさ」っていうのは、どちらかというと、「暴力団の頭のよさ」みたいなものですね。「目的」は人々を悪い結果に導いていって、人々を貶めて破壊していくという面において頭がいい。人を破滅させていく面において頭がいいという方向性が一つあるわけですよね。頭がよくてもね。まあ、そういう頭のよさでも、あれは、「警察 対 暴力団」みたいな駆け引きはいっぱいあるんだろうとは思いますけどね。

「心が清らかでなければ、神を見ることはできない」

ソクラテス　ある意味で、気の毒と言えば気の毒なだけのことで、自分を「賢い」と思っているけど、「ただの凡人だ」ということを認識したら、それだけでも「救い」が近づくのですけどね。

「自分は真理を何も知らない凡人だ」と思えば、それで〝救い〟は近づくんだけれども、「(自分は) 賢い」と思っているがゆえに救えない、救いの光が届かない、救いの手が届かないっていうことですね。

だから、あの世へ還って、天使が来て救いに行っても、羽が生えてる姿を見て、「こんな生物は存在しない」とか（笑）、どうせ言うわけですから、助けようがないですよね。

自分が見ているものだって信じないんです。天使が助けに来ても、「これは幻覚だ」と。「妄想だ」と。あるいは、「今、自分の心が一時的に病んでるんだ」と。こういうふうに思うわけですよ。

だから、天使が救いに来ても、信じることができないわけなんですよね。まあ、気の毒です。

日本の神道でも教えているようだけども、「宗教でいちばん大事なことは、複雑な難しいことを勉強することではなくて、心を清らかにすることだ」と。

そういう意味で、「心を清める」ということを日本の神道も教えているようです。「まず心清らかでなかったら、神を見ることはできないんだ」ということですね。これはイエスも言ってる。同じことだね。

そのへんの値打ち、つまり、「心が清らかで澄んだ水のように透き通っていることが、どれほど大事であるか」ということを知らない人がいる。

だから、私は哲学で難しいことを言っているように思うかもしれませんが、はっきり言えば、〝ビルの窓掃除〟みたいなもので、窓拭きをしているだけなんですよ（笑）。ほっとけば、外が見えなくなるんですよ。日光を通さなくなって、外の景色も見えなくなるから、その窓拭きの仕方を、合理的にどうやったら効率よくできるかを教えようとしているだけなんですけども、その〝窓拭き屋〟が、だんだん余計な仕事をいっぱいつくり始めて、窓を覆い始めたり、いろんなものを窓の外につくったりして、勘違(かんちが)いしてきているのが、現在ということだね。

10 ソクラテスの考える「理想の大学」とは

「大川隆法は、『哲人王』化してきている」

酒井　立花隆氏のような方々は、日本の最高学府で学んで、自分は最も進化した人間だと思っていると思います。

今の大学のあり方は、そういった人間を大量に〝製造〟している可能性があるのですが、ソクラテス様の考える「理想の大学」のあり方を、「教える側」と「学ぶ側」について教えていただければと思います。

ソクラテス　基本的に「経験がないことは語れない」ということもあるし、自分的に納得がいかない人もいるのだろうから、それはしかたがないと思うけれども、一定以上の影響力を持ったら悲劇だわね。それだけのことだわね。

たいていの場合、学者というのは、自分の専門のところについて、ある程度の知識があって、そうした論文の作法を教えられたら、それでいちおう生業を立てていくことができることになっているわけだけどね。

そういう意味では、学者の目から見ればね、自分の小さな教室で教えている生徒ぐらいしか、自分の意見を聞いてくれる人がいないわけですから。

例えば、ここのように、大川隆法総裁が説いている教えが本になって書店に並んで、海外にまで翻訳されて出ていて、大勢の人が、何万もの人が講演会を聴きに来て、衛星（中継）までかけて見ているなんていうのは、学問じゃないように見えるわけですよ。「学問の定義」から外れているように見えるから。学問というのは、人気がなくて、ごく少数の人に自分のノウハウを教えるぐらいのものだと思っているわけ。だから、基本的に（幸福の科学大学を）判定する立場にない人たちに判定させようとしている。「無理がある」ということですね。

これだけ大きくなったら、自分たちで何もかも独自で考えていくように、次第に持っていかなければ駄目でしょうね。まさしく、（大川隆法は）「哲人王」化してきつつあるんだろうとは思いますけどね。

真理を分からないようにしている「この世的な学問作法(さほう)」

秦　少し前のお話で、「学問は智慧(ちえ)の源(みなもと)たるべきだ」というお話がございましたけれども、われわれがつくっていく学問がそうなるために必要なことは、どのようなことでしょうか。

ソクラテス　まあ、危険性はたくさんありますので、何とも言いがたいですし、あまり、あなたがたに不利になることを言ったらいけないんだろうとは思うけども。

まあ、あなたがたがやっているものでも、自分たちの研究論文集みたいなものをつくったり、出したりしていますが（注。二〇〇九年以降、人間幸福学研究会より論文集「人間幸福学研究」を通巻二三号発刊している）、その時点で早くも、私の時代から〝二千年飛んで〟しまったような、何と言いますか、「真理がまったく通らないもの」がいっぱい出来上がってきていますわねえ。

いわゆる、この世的な学問作法に則ってやったら、まったく分かりやすい話が全然分からないような話になっている。とにかく、〝つぎはぎ〟と「注」をつける技術だけを教えているようなことがあって、読むに読めない、読むに堪えない文章ができてきて、読んでも意味が分からないということがある。

元の文はどうかというと、元の文を読んだら、言っていることがよく分かる。それを分からないように〝加工〟する。そうすると賢く見える。こういう詐欺商法まがいのものが、世の中に出回っているわけですよ。

あなたがたにそれを言ったら、気の毒だから申し上げないけども、世間のまねをすれば、そういうことが起きる。「詐欺商法まがいではあるけれども、教えている相手が少ないから許されている」と。まあ、こういうことであるわけですね。

それに関連して、「たくさん勉強して時間をかけたから、その分で許してくれ」ということで、「授業料があまり上がらないで済んでいる」ということですね。

「真理」や「感化力」がなければ、人は集まらない

ソクラテス　これ（講義）が面白くて、人が増えて増えてしかたなかったら、

校舎も建て増しして、生徒も増えて増えて困るでしょう。そうならないところが現状だということですね（笑）。広がらない。

本当に感動的な、立派な話をしたら、他校から〝潜り〟でも、幾らでも来て入らなくなってきますから、校舎も教室もどんどん大きくなっていくでしょうねえ。生徒数も増えていくでしょうねえ。

しかし、現在はそうならない。それは、「それだけの真理がない」ということだし、「感化力がない」というだけのことですよね。そういう人が、「総長だ」「学長だ」「理事長だ」、あるいは「学部長だ」と、いろんな肩書を付けて、この世的に偉そうに見せたり、頭に博士みたいな帽子をかぶって、黒マントを着て出ていったりするような、時代錯誤の、それこそ何世紀も前の姿で現れてきて、学生の前では偉そうに見えていたりしているんでしょうけども、偽物ほどそういうふうになってくるということだね。

あなたがたも「新しい学問」を目指しておられるんだと思いますし、人気が出れば嫉妬も出るけれども、やっぱり、基本的には、「人が集まってくるか、こないか」だというふうに思うんだよね。同じ真理を扱っていても、その教える人の力によって、人気が出るものも出ないものもあるでしょうね。

そのへんは正直なものですから、幸福の科学だからといって、みんながみんな人気が出て、評判を呼んで、人がたくさん集まっているとは言えないと、私は思いますよ。特に、あなたがたの支部長さんだとか館長さんだとかは、一部、人気のある人もいるかもしれないけども、全般的には、〝普通の世界〟にいるレベルぐらいの人が多いようには見えるわね。

11　単なる知識を超える本物の「智慧」とは

「うぬぼれ」を防ぐための心構えとは

酒井　ソクラテス様は「智慧」の部分を探究されたと思いますし、今のお話も「知識から智慧へ」という話になるのではないかと思うのですが、大学で教える者たちが智慧を身につけるためには、いかにすればよろしいでしょうか。

ソクラテス　まあ、レベルに差があるからねえ。それはいわく言いがたいものがあるわねえ。下手すると、本当に正反対のところまで行ってしまうからね。百八十度、まったく〝真逆〟のところまで行ってしまうところがあるんで、あの世の魂の存在とかを説いていた人の教えが、いつの間にか、「魂はない」という教えまで行ってしまいますからね。本当に難しいですよ。

「神の心」を説いていた人のところで始まったものが、最後は〝数式〟を一生懸命いじっているとか、そういう哲学になっていたりするぐらい、世の中は変わりますからね。まあ、本当に大変だなあと思います。

たいていの場合ですねえ、間違いの始まりは「うぬぼれ」から来ると思うんですよ。「自分は直接先生の教えを聴いている」とか、「その本を読んでいる」とか、そういうことから、「自分は偉いんだ」と思ってうぬぼれる。まあ、うぬぼれてもいいぐらいに実力がある人の場合もあるけども、たいていの場合、そのうぬぼれが過剰な部分に、何かの間違いが入るんですよ。この間違いの部分が、だんだんに〝工業排水〟みたいになって流れ始めていくということですねえ。

そういう意味で、「うぬぼれを防ぐには、謙虚さというのが常に大事だ」ということだと思いますね。

だから、ある意味では、「心霊の世界」というのは、心の窓を誰も彼もが開かないようにはなっている。それは、地上の人間がみな、狂わされないようにするために、そういうシステムにしているのです。一部の人には、心の窓を開いて、聖霊の声や天使の声、あるいは、神や仏の声が聞こえるようにはつくっているけども、一部、悪魔の声が入っている者も、すでにいるわね。

だから、「開けすぎると危険だけど、開けないと、まったくあの世が分からない」という世界であるわけね。

そのなかで、単純に自分たちが正しい道を歩んでいることを守ろうとしたら、やっぱり「謙虚」であること。うぬぼれを慎んで謙虚であること。

それから「知的に正直」であろうとすること。知的で正直な状態を保ちつつ、そのなかで努力を積み重ねていくことを重視すること。

さらに、何て言いますか、「真理に近づいていけばいくほど、謙虚になっていく自分でなければいけない」ということを知っていることが大事です。「学べば学ぶほどに、自分が知らないことが多い」ということが分かってくる。「知らないことだらけで、まったく分からないことがいっぱいある」ということが分かってくるようになりますね。

「無知の知」は現代でも生きている

ソクラテス　だから、「自分は賢(かしこ)い」と思った人は、実は賢さから離(はな)れていて、「自分はバカなんだ。このままではいけない。何とかして、普通(ふつう)の人に追いつかなきゃいけない。普通の人に追いついて、努力によって、ちょっとでも、頭一つでも、何とか前へ進みたい」と思っている人のところに智慧が開けていくところがあるんだね。

「無知の知」の言葉は非常に逆説的だけど、いまだに、これは生きているよ。

だから、「悟(さと)った」と思ったら悟ってなくて、「悟っていない」と思ったら、実は「悟りの道」に入っているということは、いまだにあるからね。

だから、気をつけたほうがいいよ。（斎藤に）君みたいな人から、真理が〝曲がって〟いくことが多いんだから、特に。

斎藤　（驚いて）ええっ、私ですか（苦笑）。

ソクラテス　いいかい？

斎藤　（苦笑）けっこう、ダメージが連続していろいろなところから来てしまいました（注。この霊言の一週間前に収録した「内村鑑三の霊言」で質問者を務め、厳しく教導されたことを指す。前掲『内村鑑三「信仰・学問・迫害」を語る』参照）。

ソクラテス　「五十センチぐらいのところで先生の話を聴いたから、私は間違いがない」なんて君が言い出すと、そのへんから真理はグーッと大きく曲がっていくことになる。

斎藤　いやあ、〝釘〟を刺していただきました。ありがとうございます。「大きく曲がる可能性がある」ということですね。

ソクラテス　〝危険〟だから、総裁が死んだら、早く死んだほうがいいよ。長生きすると間違いが……。

斎藤　（苦笑）
「イデアの世界」を見聞しても、全部は説明し切れない
斎藤　ところで、ソクラテス様の人生を見ていますと、「謙虚さの徳」というものが、われわれ後代の者に非常に伝わってくるのですが、謙虚であるとは、「神に近づけば近づくほど、分からないことが多くなってくる」ということですよね？

ソクラテス　本当に分からないことだらけですよ。だから、「イデアの世界」を、ときどき許されて見聞することがあるけど、

もうそれは分からないことだらけというか、全部を説明し切ることは不可能ということが分かってしまうわけですよ。

たとえて言えば、どうだろう。金銀財宝がザクザクの大広間のなかに入ってしまって、「これは、いったい、どれだけの値打ちがあるんだろう。どんな宝石が幾らあるんだろうか。もう、さっぱり説明ができない」というような状況になるわけなんですよ。

そこから帰ってきて、「報告しなさい」と言われても、「ダイヤモンドもあったような気がするし、金細工のものもあったような気もするし、ルビーのようなものもあったような気もするし、王冠のようなものもあったような気もするけど、全体はどうだったのかなあ。なかなか分からない。また行って見てこないと分からないなあ」みたいな感じでですねえ、そのイデアの世界を説明し切れないんですよ。

ただ、この世との差がものすごく激しいことだけは分かる。それは参入した者にしか分からないんですけども、やっぱり少ししか伝えることができない。その悔しさを知っている人は、「この世の中で、自分がいかに修行が不足していて真理を知る器でない、受け止めていい器でないか」ということを知るようになるんですねえ。

だから、君たちは気をつけたほうがいいよ。こういう話を聴いて、これを原稿に起こして活字にしただけで、悟りを得たような気になっていたら、たいへんな間違いが起きますよ。

斎藤　文字だけで見てですね?

ソクラテス　うん。

「魂の輝き」が増すような教育をしなければならない

酒井　今、「教師側の話」と「学ぶ側の話」がありましたが、もし、学生にとって、「知恵を得るための心構え」がありましたら、教えてください。

ソクラテス　うーん……。まあ、〝小さな〟大学を目指しているんだろうけど、それでも人数は十分に多いかもしれないぐらいの感じを、私は受けますけどね。まあ、けっこう大変でしょうね。磨いて光る部分がどこまであるかは難しいかもしれませんね。

ただ、一般(いっぱん)社会ではもう、そうした〝魂(たましい)のレベルの高下(こうげ)〟は分からないようになっていますので、せめて、あなたがたがつくる〝アカデミー〟においては、よく、「魂の輝(かがや)きが人間の値打ちなんだ」ということが分かるような教育をしないといけないと思いますね。

まあ、点数なんかも付くんでしょうけども、どこかの大学のように、「優(ゆう)の数が幾つあれば、もう天下を取ったような感じになる」とか、「就職先がいい」とか、そういう価値観に支配されて四年間追われるようであってはいけないのではないでしょうか。

やっぱり「魂の輝き」が大事だし、それから、少ない力でありながらも、天上界(てんじょうかい)の理想をいかにしてこの地上に広げていくかですね。この世で種まきをし、耕す人の数を増やさなきゃいけないわけですよ。だから、天上界の〝イデアの種子(しゅし)〟〝種(たね)〟をまく人をつくらなきゃいけないし、種がまけるように、畑を耕(たがや)す人をつくらなきゃいけないわけね。それが、〝あなたがたのアカデミア〟の使命だと思います。

そういう意味では、少ないと言やあ少ないし、多いと言やあ多い人数かとは思うけども、やっぱり、「魂の輝きまで与(あた)えなければいけない」ということだね。

だから、みなも考え方を少し変えなければいけないと思う。今まで思っていたような、この世的な「名誉(めいよ)」とか「地位」とか「出世」とかいうものとは、少し〝距離(きょり)〟を持たなきゃいけないところがある。

これは、原始の釈迦(しゃか)やキリストと同じようなところだよね。やはり、「真理のためには、この世的な価値観をいったん捨ててでも、その道を歩む」という、求道者としての精神は要るんじゃないでしょうか。私だって、別に、「いい教えを説いているから、儲かって儲かって……」っていうわけじゃない状態ではありましたから（笑）。まあ、何に価値観を感じるかの問題ですけどね。

どうか、そういうふうに、「真理の種まきをし、種を植え、畑も耕し、畝づくりをしていき、水やりをし、雑草を取る作業が延々と続いていって、刈り入れがあるんだ」っていうことを知らなきゃいけないね。

だから、学者たちには、あなたがたの（学問）が「学問かどうか」を多数決で決めることはできなかったと言うけど、それが大川隆法でなくソクラテスであっても、たぶん結論は一緒だろう。同じようなことであろうね。

イエスだって後世あれだけの影響力があるのに、同世代で伝統的なユダヤの教学を身につけて教師資格を持った人から見れば、要するに〝異端〟にしかすぎなかったわけですから。そういうものを恐れてはいけないと思いますよ。時代を変えていく者は、それを恐れてはいけないんでね。

そういうものに、ただ従順になって、ついていこうとするのではなくて、やっぱり、「自分たちで新しい道を拓いていこう」と努力しなければいけないんじゃないかね。私はそう思いますよ。うん。

12

魂を最高度に輝かせる生き方とは

「死の練習」とは「今日死んでも悔いはないか」と問うこと

斎藤　今の「学ぶべき生徒の姿勢」ということに関連しますが、過日、内村鑑三先生という、たいへん厳しいキリスト者の先生から教わったこととしましては、例えば、「一日一生」という姿勢で学ぶに当たっては、「この世の価値を捨てて、一日一生だと思って学んでいけ！　三十三歳以上、つまり、イエスの生きた年よりも年齢がいったら、もう、〝お釣り〟だと思って、すぐに真理のために死んでいけ」みたいな感じで……（前掲(ぜんけい)『内村鑑三「信仰(しんこう)・学問・迫害(はくがい)」を語る』参照）。

ソクラテス　（笑）それは、仏教を信じたほうがいいね。それだったら。

斎藤　ええ。ああ、そうですか（笑）。

ソクラテス　そうしたら、お釈迦(しゃか)様は八十歳過ぎまで生きたから、「八十過ぎたら、一日一生にしろ」と言われると、グッと楽になるね。ええ？

斎藤　ええ。「一日一生」という内村先生のお言葉から、その真剣(しんけん)さ、真摯(しんし)さというものは、本当に、学びになりました。

ただ、ソクラテス様も、『パイドン』という本のなかに紹介されてるんですけど、ご生前ですね、「知を求めるということは『死の練習』である」ともおっしゃっていますが……。

ソクラテス　そうそうそう、そのとおりです。

斎藤　そのように、われわれは二千数百年たっても学んでいるのですが、学んでいくに当たって、この「知を求めるということは『死の練習』である」という意味が、もうひとつよく分からないところがあるので、この点についてお教えいただけますでしょうか。

●死の練習　ソクラテスは、魂の「肉体からの解放・離脱」が死と呼ばれるものであり、「哲学者の仕事とは魂の解放」「真の哲学者は死を恐れない」と考えていた。また、対話のなかで、「真に哲学することは死の練習である」とも述べている。（プラトン著『パイドン』）

ソクラテス　いやあ、それはねえ、「死の練習」という言い方をするから分かりにくいんであって、「今日死んだとして、悔いのない生き方をしているかどうかを自問自答して生きろ」と言っているだけなんですよ。

「あなたは、今日死んだとしても、『今までの人生を完全に燃焼した』と言えるか。『今日一日、十分に使い尽くせた』と言えるか」ということです。

それを「死の練習」と言っているわけで、「死んであの世に還ったとして、今回の生き方を振り返ったとしたときに、どうですか。それで何か直すべきところ、やり直すべきところが悔いとして残るなら、それを残さないように、今、この世で生活している間にやりなさいよ」ということですよね。それが、「死の練習」だと思うんですよ。

だから、その「死の練習」っていうのは、ある意味では、「実在界にいる自分の目」で、現在ただいまを生きている「肉体人間の自分」の生き方を見つめるということだし、反省するということだし、瞑想するということだろうね。

まあ、「死の練習」という言い方は非常に奇抜な言い方だから、ちょっと分からないとは思うけれども、うーん……。

（人間は）肉体を被って生きているわけだけども、「『肉体などなくなり、魂そのものがこの世に存在している』と思ったときに、この燃え立つ炎のような魂の力で、あなたは何をするか。そういう生き方をしろ」ということだよね。

だから、「哲学とは死の練習」と言えば、そのとおりです。「死の練習」、すなわち、「死んだとして、どうだ」ということを自分に問い続けるということ、それが結局、真理を求めた生き方になるわけなんですよ。「『死んだあと、どうなるか』ということを、今、知りながら、考えながら歩むこと。それが、『哲学をする』ということなんだ」という。

現在の哲学は〝出口のない迷路〟に入り込んでいる

ソクラテス　つまり、現在の哲学は、まったく違っています。まったく違うものだ。今はもう、「いかに人よりも分からないことを説くか」ということが〝哲学〟なんじゃないですか。「人を迷わすこと」が〝哲学〟なんだ。このグルグル巻きの〝渦巻き〟のなかへ入れて、「どうだ、分からんだろう？　出口はないだろう？」って、〝出口のない迷路〟のなかに入れるのを〝哲学〟と言っている。

もうこれは、ちょっとねえ……、「ラットの迷路実験」をやりすぎたような人になっているんじゃないですか。あるいは、〝引っ掛けテスト〟をつくりすぎた、あるいは受けすぎた人の、頭の結果なのかもしれません。

しかし、まあ、そういうものではないっていうことだね。

だから、若くても年を取ってても一緒だけども、やっぱり、「一日一日、悔いを残さない。天上界からの目で見て、自分のやれるべきことをやり続ける」ということが大事なんだと思いますよね。

大川隆法さんにしても、霊的な啓示のなかを生きているんだと思うけれども、啓示のなかを生きておりながら、この世の人間としての生き方としては、自分としてやれるだけのことはやって、毎日生きているはずですよね。それは、この世に生まれてくることがごく稀であることを、自分自身で自覚しているから、生きている間にできるだけ多くのことを、人類に遺産として遺したいと思っているからでしょうね。

もちろん、その一生懸命やっていることを嫉妬する人もいれば、揶揄する人もいるし、「信じられない」と言う人、「嘘だ、インチキだ」と言う人もいるし、そういう外野はたくさんいると思います。

ただ、それを言い訳にしてはいけないのであって、「自分がやれることをやり続ける」と、信念に基づいてやり続けることが大事で、それをやりのけた者だけが、後世に対して輝きを遺すことができるんだということだね。

エル・カンターレから〝光の証書〟を頂くことこそ最高のこと

ソクラテス　今は、まあ、学校レベルのことで、あなたがたはいろいろと呻吟(しんぎん)しているかもしれないけども、これから、もっともっと大きな大きな〝障壁(しょうへき)〟がたくさん出てくると思うんですよ。

今、いろいろと国レベルのものにぶつかっていこうとしてきているけど、さらに、国レベルを超(こ)えて、世界レベルにまでチャレンジしようとしているわけですから、もっともっと大きな障壁が出てくる。そのときに戦える力をつけなければいけないんですね。

だから、もっともっと「忍耐力(にんたいりょく)」を強くし、「精進力(しょうじんりょく)」を強くしなければいけない。それから、若い学生たちには、そんな、〝この世的な価値観〟に縛られることなく、いや、そうした〝バカな〟学生たち、この世で〝浮遊霊〟となっている学生たちなんかに引っ張られることなく、「真実の道」を一生懸命歩める人たちをつくっていくことが大事なんだということですね。

学校なんかでも、この世の選挙で選ばれた人が支配して、役人なんかが指導するような、そんな枠のなかにいることをもって喜びとするというのは、もう、ネズミが箱のなかに入れられているのと同じような状況です。それで幸福だと思うなら、ちょっと間違いですよということですね。

だから、「エル・カンターレから〝光の証書〟を頂くことが最高のことだ」というふうに思えば、それでよいと思います。

一日一日を、「死の練習」をして清算していくことが大事

ソクラテス　とにかく、この地上を変えていくための精神になっていかなきゃいけないわけで、いずれ、みんなこの地上を去るときが来ますけども、地上を去るときに長い長い後悔をするのではなくて、やっぱり、一日一日を、「死の練習」をして清算していくことが大事なんですね。

この世で知識人ぶって間違ったことを教えているような人は、死んでからあと、何百年あるいはそれ以上にわたって、自分自身も苦しみ、多くの人にも迷惑をかけて引っ張り込むことになるわけですから、そういう〝借金漬け〟の生活をするのではなくて、この世でちゃんと「人生の黒字化」に励めということ

ですね。それをやったらいいと思います。

でも、多くの人たちが目覚めてくれれば、たぶん、今、あなたがたが思っている以上の力が、きっと出てくると思う。それを信じたほうがいいと思う。自分たちの無能を嘆(なげ)くだけでなくて、「多くの新しい力が次々と育ってくる」と思ったほうがいいと思いますね。

酒井　はい。本日は、まことにありがとうございました。

秦　ありがとうございました。

13　ソクラテスの霊言を終えて

大川隆法　はい（手を二回叩く）。

やはり、古代の言葉を現代語に訳すようなもの、ギリシャ語を勉強して訳し、それを学んで得られるものよりも、現代の日本語で明確に分かりやすくお説きいただいたので、よかったのではないでしょうか。

実際、哲学も、思った以上に〝ガラクタの山〟のようになっているということでしょう。これを全部剝ぎ取らなければいけないわけです。その周りに付いた牡蠣殻のようなものを全部取らなければいけません。宗教もそうですし、哲学もそうです。哲学も宗教も神学も、全部、〝ガラガラポン〟の世界に入ろうとしているわけであり、ましてや、末流の諸学問などというのは、もはや〝ごみ溜め〟のようなものであるので、これと戦わなければいけないのでしょう。

そういう意味では、恐れてはならないということだと思います。

「恐れるべきは、自分たちのうぬぼれの心や名誉心である。自分たちのなすべき仕事のほうに焦点を合わせなさい」ということで本文しょう。そのように感じました。

それでは、ありがとうございました。

酒井　はい。ありがとうございました。

あとがき

今こそ、政治家や学者は、ソクラテスの言う「無知の知」を悟らなければならない。

自らが何も真実を知らないということ。「無知」という名の商品を詐欺商売していること。「真理」を隠ぺいする作業をもって「大学教育」をしていると誤解していること。そして正しき者を弾圧することをもって、「法に則って審査している」と称していること。役に立たない学問を護送船団方式で護って、その赤字責任を血税でまかなって、当然の大学の教育行政としているということを。

真理の教師が「無知を叱ってくれる」ことを、不正な行為、不当な圧力があったと開き直っていることを。

守護霊は正直である。本人以上に正直である。

そしてその言葉は、数カ月後に実現していく。謙虚に仏法真理を学べば、その事実が分かってくるはずだ。

二〇一四年　十一月十二日

幸福の科学グループ創始者兼総裁

HSU（ハッピー・サイエンス・ユニバーシティ）創立者　大川隆法

『ソクラテス「学問とは何か」を語る』大川隆法著作関連書籍

『黄金の法』（幸福の科学出版刊）
『幸福の科学大学創立者の精神を学ぶⅡ（概論）』（同右）
『「比較幸福学」入門』（同右）
『矢内原忠雄「信仰・言論弾圧・大学教育」を語る』（同右）
『南原繁「国家と宗教」の関係はどうあるべきか』（同右）
『カント「啓蒙とは何か」批判』（同右）
『内村鑑三「信仰・学問・迫害」を語る』（同右）

ソクラテス「学問とは何か」を語る

2014年11月13日　初版第1刷

著　者　　大川隆法

発行所　　幸福の科学出版株式会社

〒107-0052 東京都港区赤坂2丁目10番14号
TEL(03)5573-7700
http://www.irhpress.co.jp/

印刷・製本　株式会社 東京研文社

ISBN978-4-86395-603-2 C0010

大川隆法ベストセラーズ・幸福の科学「大学シリーズ」

幸福の科学大学創立者の精神を学ぶI（概論）

宗教的精神に基づく学問とは何か

いま、教育界に必要な「戦後レジームからの脱却」とは何か。新文明の創造を目指す幸福の科学大学の「建学の精神」を、創立者みずからが語る。

1,500円

幸福の科学大学創立者の精神を学ぶII（概論）

普遍的真理への終わりなき探究

「知識量の増大」と「専門分化」が急速に進む現代の大学教育に必要なものとは何か。幸福の科学大学創立者が「新しき幸福学」の重要性を語る。

1,500円

「幸福の科学教学」を学問的に分析する

今、時代が要請する「新しい世界宗教」のかたちとは？ 1600冊を超えてさらに増え続ける「現在進行形」の教えの全体像を、開祖自らが説き明かす。

1,500円

幸福の科学の基本教義とは何か

真理と信仰をめぐる幸福論

進化し続ける幸福の科学――本当の幸福とは何か。永遠の真理とは？ 信仰とは何なのか？ 総裁自らが説き明かす未来型宗教を知るためのヒント。

1,500円

※表示価格は本体価格（税別）です。

幸福の科学グループの教育事業

ノーブレス　オブリージ
Noblesse Oblige

「高貴なる義務」を果たす、
「真のエリート」を目指せ。

幸福の科学学園
中学校・高等学校（那須本校）

Happy Science Academy Junior and Senior High School

私は、
教育が人間を創ると
信じている一人である。
若い人たちに、
夢とロマンと、精進、
勇気の大切さを伝えたい。
この国を、全世界を、
ユートピアに変えていく力を
出してもらいたいのだ。

（幸福の科学学園 創立記念碑より）

幸福の科学学園 創立者
大川隆法

幸福の科学学園（那須本校）は、幸福の科学の教育理念のもとにつくられた、男女共学、全寮制の中学校・高等学校です。自由闊達な校風のもと、「高度な知性」と「徳育」を融合させ、社会に貢献するリーダーの養成を目指しており、2014年4月には開校四周年を迎えました。

幸福の科学学園・教育の特色

「徳ある英才」の創造

教科「宗教」で真理を学び、行事や部活動、寮を含めた学校生活全体で実修して、ノーブレス・オブリージ(高貴なる義務)を果たす「徳ある英才」を育てていきます。

体育祭

天分を伸ばす「創造性教育」

教科「探究創造」で、偉人学習に力を入れると共に、日本文化や国際コミュニケーションなどの教養教育を施すことで、各自が自分の使命・理想像を発見できるよう導きます。さらに高大連携教育で、知識のみならず、知識の応用能力も磨き、企業家精神も養成します。芸術面にも力を入れます。

探究創造科発表会

一人ひとりの進度に合わせた「きめ細やかな進学指導」

熱意溢れる上質の授業をベースに、一人ひとりの強みと弱みを分析して対策を立てます。強みを伸ばす「特別講習」や、弱点を分かるところまでさかのぼって克服する「補講」や「個別指導」で、第一志望に合格する進学指導を実現します。

授業の様子

自立心と友情を育てる「寮制」

寮は、真なる自立を促し、信じ合える仲間をつくる場です。親元を離れ、団体生活を送ることで、縦・横の関係を学び、力強い自立心と友情、社会性を養います。

毎朝夕のお祈りの時間

幸福の科学学園の進学指導

1 英数先行型授業

受験に大切な英語と数学を特に重視。「わかる」（解法理解）まで教え、「できる」（解法応用）、「点がとれる」（スピード訓練）まで繰り返し演習しながら、高校三年間の内容を高校二年までにマスター。高校二年からの文理別科目も余裕で仕上げられる効率的学習設計です。

授業の様子

2 習熟度別授業

英語・数学は、中学一年から習熟度別クラス編成による授業を実施。生徒のレベルに応じてきめ細やかに指導します。各教科ごとに作成された学習計画と、合格までのロードマップに基づいて、大学受験に向けた学力強化を図ります。

3 基礎力強化の補講と個別指導

基礎レベルの強化が必要な生徒には、放課後や夕食後の時間に、英数中心の補講を実施。特に数学においては、授業の中で行われる確認テストで合格に満たない場合は、できるまで徹底した補講を行います。さらに、カフェテリアなどでの質疑対応の形で個別指導も行います。

4 特別講習

夏期・冬期の休業中には、中学一年から高校二年まで、特別講習を実施。中学生は国・数・英の三教科を中心に、高校一年からは五教科でそれぞれ実力別に分けた講座を開講し、実力養成を図ります。高校二年からは、春期講習会も実施し、大学受験に向けて、より強化します。

詳しい内容、パンフレット、募集要項のお申し込みは下記まで。

幸福の科学学園 関西中学校・高等学校

〒520-0248
滋賀県大津市仰木の里東2-16-1
TEL.077-573-7774
FAX.077-573-7775
[公式サイト]
www.kansai.happy-science.ac.jp
[お問い合わせ]
info-kansai@happy-science.ac.jp

幸福の科学学園 中学校・高等学校

〒329-3434
栃木県那須郡那須町梁瀬 487-1
TEL.0287-75-7777
FAX.0287-75-7779
[公式サイト]
www.happy-science.ac.jp
[お問い合わせ]
info-js@happy-science.ac.jp

仏法真理塾

サクセスNo.1

未来の菩薩を育て、仏国土ユートピアを目指す！

仏法真理塾「サクセスNo.1」とは

宗教法人幸福の科学による信仰教育の機関です。信仰教育・徳育にウエイトを置きつつ、将来、社会人として活躍するための学力養成にも力を注いでいます。

サクセスNo.1 東京本校（戸越精舎内）

「サクセスNo.1」のねらいには、「仏法真理と子どもの教育面での成長とを一体化させる」ということが根本にあるのです。

大川隆法総裁　御法話『サクセスNo.1』の精神」より

エンゼルプランV

信仰教育をベースに、知育や創造活動も行っています。

信仰に基づいて、幼児の心を豊かに育む情操教育を行っています。また、知育や創造活動を通して、ひとりひとりの子どもの個性を大切に伸ばします。お母さんたちの心の交流の場ともなっています。

TEL 03-5750-0757　FAX 03-5750-0767
メール angel-plan-v@kofuku-no-kagaku.or.jp

ネバー・マインド

不登校の子どもたちを支援するスクール。

「ネバー・マインド」とは、幸福の科学グループの不登校児支援スクールです。「信仰教育」と「学業支援」「体力増強」を柱に、合宿をはじめとするさまざまなプログラムで、再登校へのチャレンジと、進路先の受験対策指導、生活リズムの改善、心の通う仲間づくりを応援します。

TEL 03-5750-1741　FAX 03-5750-0734
メール nevermind@happy-science.org

ユー・アー・エンゼル！（あなたは天使！）運動

障害児の不安や悩みに取り組み、ご両親を励まし、勇気づける、障害児支援のボランティア運動です。学生や経験豊富なボランティアを中心に、全国各地で、障害児向けの信仰教育を行っています。保護者向けには、交流会や、医療者・特別支援教育者による勉強会、メール相談を行っています。

TEL 03-5750-1741　FAX 03-5750-0734
メール you-are-angel@happy-science.org

シニア・プラン21

生涯反省で人生を再生・新生し、希望に満ちた生涯現役人生を生きる仏法真理道場です。週1回、開催される研修には、年齢を問わず、多くの方が参加しています。現在、全国8カ所（東京、名古屋、大阪、福岡、新潟、仙台、札幌、千葉）で開校中です。

東京校 TEL 03-6384-0778　FAX 03-6384-0779
メール senior-plan@kofuku-no-kagaku.or.jp